... in welcher Phase auch immer ist doch (meist) eine tolle Sache, oder?

Dir [...] alle guten Wünsche für die besondere Zeit des Neuanfangs

MEINE HEIMAT IST KEIN ORT, MEINE HEIMAT IST MEINE FAMILIE.

FAMILIE

AUS DEM ENGLISCHEN VON RITA SEUSS

KNESEBECK

DAS GRÖSSTE GLÜCK
IM LEBEN IST DAS FAMILIENGLÜCK.

Joyce Brothers

Tripolis, Libyen   { Folgende Doppelseite: Ellenville, New York, USA }

ES GIBT KEIN GRÖSSERES GESCHENK
ALS DAS LÄCHELN EINER MUTTER.

Texas, USA

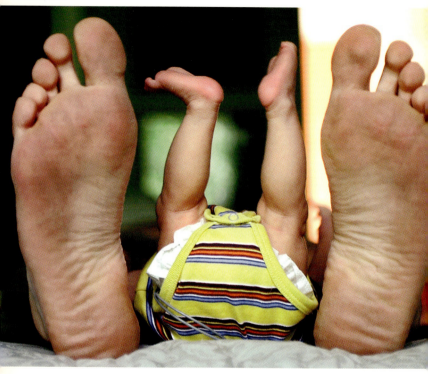

DIE LIEBE EINER FAMILIE IST DAS WUNDERBARSTE
GESCHENK DES LEBENS.

Johannesburg, Südafrika   { Folgende Doppelseite: Ravenna, Italien }

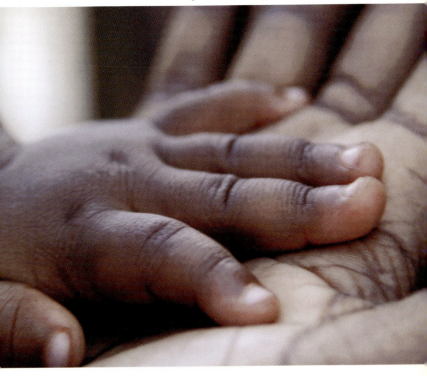

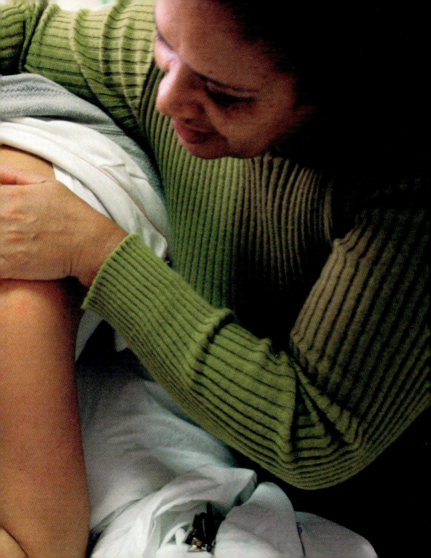

Adelaide, Australien

MENSCHEN, DIE GELIEBT WERDEN,

SIND LIEBENDE MENSCHEN.

Katharine Hepburn

Santa Barbara, Kalifornien   { Folgende Doppelseite: West New York, New Jersey, USA }

Warminster, England   { Folgende Doppelseite: Blaue Lagune, Island }

VIELES ÄNDERT SICH,
ABER MIT DER FAMILIE BEGINNT UND ENDET ALLES.

Anthony Brandt

Amsterdam, Niederlande   { Folgende Doppelseite: Kauai, Hawaii, USA }

EINE MUTTER VERSTEHT, WAS EIN KIND VERSCHWEIGT.

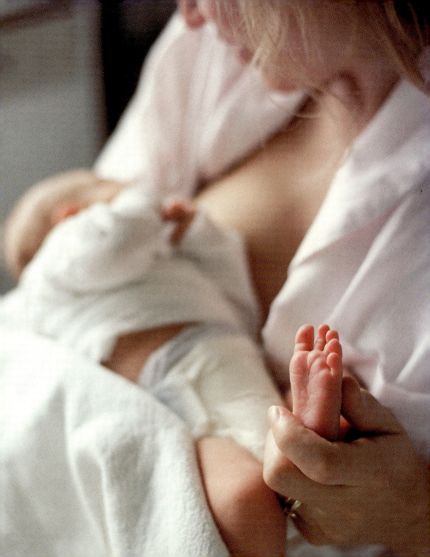

London, England

VATER KANN JEDER WERDEN, EIN PAPA ABER
NUR EIN BESONDERER MENSCH.

Côte d'Azur, Frankreich

MEIN EIN UND ALLES, MEIN SOHN.

Jesse Harris

New Orleans, Louisiana, USA { Folgende Doppelseite: Cornwall, England }

Kunming, China

EINE GROSSMUTTER ERGREIFT UNSERE HÄNDE NUR FÜR EINE KURZE ZEIT
UNSER HERZ ERGREIFT SIE FÜR IMMER.

Kapstadt, Südafrika { Folgende Doppelseite: Havanna, Kuba }

Broadstairs, England

EIN GROSSVATER IST JEMAND
MIT SILBERNEM HAAR UND EINEM GOLDENEN HERZEN.

Buenos Aires, Argentinien

Tennessee, USA

WAS WIR VON DER LIEBE WISSEN, DAS LERNEN WIR ZU HAUSE.

Sydney, Australien

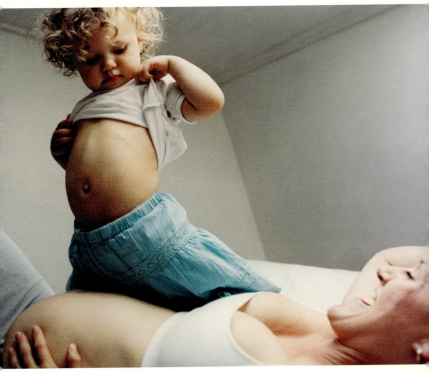

London, England

Fort Lauderdale, Florida, USA

ALLEIN VERMÖGEN WIR WENIG, GEMEINSAM VIEL.

Helen Keller

Düsseldorf, Deutschland

Batticaloa, Sri Lanka

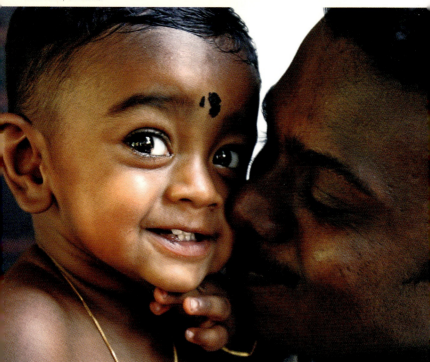

Ann Arbor, Michigan, USA   { Folgende Doppelseite: Mumbai, Indien }

Brooklyn, New York, USA

EIN HAUS IST AUS WÄNDEN UND BALKEN GEBAUT,
EIN HEIM AUS LIEBE UND TRÄUMEN.

Rajasthan, Indien { Folgende Doppelseite: Distrikt Socoura, Mali }

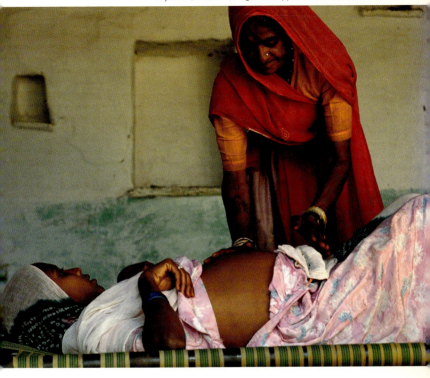

ZU HAUSE IST DORT, WO UNSERE LIEBE IST.
AUCH WENN UNSERE FÜSSE FORTWANDERN, UNSER HERZ BLEIBT DA.

Sir Oliver Wendell Holmes

Charlotte, North Carolina, USA

Marrakesch, Marokko

Bayern, Deutschland

Tunesien

DIE FAMILIE IST EIN MEISTERWERK DER NATUR.

George Santayana

Khovd, Mongolei   { Folgende Doppelseite: Kamuli, Uganda }

Bild- und Textnachweis

»Allein vermögen wir wenig, gemeinsam viel.« Copyright © Helen Keller.
Mit freundlicher Genehmigung der American Foundation of the Blind Helen Keller Archives.

Abdruck der Fotos mit freundlicher Genehmigung der folgenden Rechteinhaber: S. 7, 19, 20–21,
30–31, 42, 60–61 Copyright © Axiom; S. 10 Copyright © Ralph Barrera/Gretchen Heber;
S. 8–9, 14, 15, 16–17, 23, 24–25, 26, 27, 36, 38, 39, 45, 46, 48–49, 50, 51, 55, Umschlagabbildung hinten Copyright © CORBIS; S. 12–13 Copyright © Gamma; S. 33, 41, 43, 47,
57, 59 Copyright © Getty Images; S. 11 Copyright © IMAGES24.co.za; Umschlagabbildung
vorn und S. 34–35, 52–53, 56, 58 Copyright © Panos Pictures; S. 32 Copyright © Redux;
S. 29 Copyright © World Picture News

Bibliografische Information Der Deutschen Nationalbibliothek
Die Deutsche Nationalbibliothek verzeichnet diese Publikation in der Deutschen
Nationalbibliografie; detaillierte bibliografische Daten sind im Internet unter
http://dnb.d-nb.de abrufbar.

Titel der Originalausgabe: *The Family We Share*
Erschienen bei PQ Blackwell Limited, 116 Symonds Street, Auckland, Neuseeland, 2008
Copyright © 2008 PQ Blackwell Limited

Deutsche Erstausgabe
Copyright © 2008 von dem Knesebeck GmbH & Co. Verlags KG, München
Ein Unternehmen der La Martinière Groupe

Gestaltung: Carolyn Lewis
Umschlaggestaltung: Leonore Höfer
Satz: satz & repro Grieb, München
Druck: 1010 Printing International
Printed in China

ISBN 978-3-89660-512-2

Alle Rechte, insbesondere das Recht der Vervielfältigung und Verbreitung, vorbehalten.
Kein Teil des Werkes darf in irgendeiner Form (durch Fotokopie, Mikrofilm oder ein
anderes Verfahren) ohne schriftliche Genehmigung des Verlages reproduziert oder unter
Verwendung elektronischer Systeme verarbeitet, vervielfältigt oder verbreitet werden.

www.knesebeck-verlag.de